Disney Die Eiskönigin

Mein Malbuch

Parragon

Bath · New York · Cologne · Melbourne · Delhi
Hong Kong · Shenzhen · Singapore · Amsterdam

Anna und Elsa sind Schwestern und spielen gern zusammen. Elsa hat magische Kräfte, sie kann Dinge gefrieren lassen und Schnee erschaffen.

Elsa zaubert ihrer Schwester einen Schneemann, den sie Olaf nennen.

Beim Spielen trifft Elsa ihre Schwester versehentlich mit einem Eisstrahl. Ihre Eltern, der König und die Königin, machen sich Sorgen.

Elsa muss Handschuhe anziehen, um ihre Kräfte zu kontrollieren.
Um Anna zu schützen, beschließt Elsa, nun nicht mehr mit ihr zu spielen.

Die Schwestern werden sich immer fremder, während sie aufwachsen.

Nach dem Tod der Eltern soll Elsa zur Königin gekrönt werden. Sie sorgt sich, dass sie bei der Zeremonie ihre Kräfte nicht verbergen kann.

Anna, die Prinzessin von Arendelle, hat sich für die Krönung ihrer Schwester fein gemacht.

Prinz Hans ist für die Zeremonie extra nach Arendelle gesegelt.

Prinzessin Anna stößt gegen Hans' Pferd und fällt in sein Boot, aber Hans freut sich, die hübsche Prinzessin kennenzulernen.

Die Schwestern sind bereit für den großen Tag, an dem Elsa zur Königin von Arendelle gekrönt wird.

Elsa hält Zepter und Reichsapfel und freut sich, dass ihre Schwester bei ihr ist.

Elsa ist stolz, Königin von Arendelle zu sein.

Prinzessin Anna und Prinz Hans tanzen zusammen bei der Feier.
Sie verlieben sich und verloben sich schon bald.

Königin Elsa ist über Annas schnelle Verlobung mit Hans unglücklich.
Beim Streit zieht Anna versehentlich einen von Elsas Handschuhen ab.

Weil sie zornig ist, kann Elsa ihre Kräfte nicht kontrollieren, und versehentlich versprüht sie Eis überallhin.

Die Menschen sind erschrocken über Elsas Kräfte. Und auch Anna bekommt es mit der Angst zu tun, als sie Elsas Magie erkennt.

Königin Elsa flieht aus Arendelle.
Während sie läuft, bedecken Eis und Schnee den Boden.

Anna beschließt, Elsa zu folgen. Sie bittet Hans, sich um das Königreich zu kümmern, während sie fort ist.

Sobald sie allein ist, kann Elsa endlich ihre Kräfte einsetzen.
Sie erschafft einen fantastischen Eispalast.

Elsa wird zur Eiskönigin und fühlt sich glücklich und frei.

Auf ihrem Pferd reitet Prinzessin Anna
durch die Schneestürme in die Berge.

Anna stürzt vom Pferd und landet im Schnee. Glücklicherweise findet sie Zuflucht in einem Kramerladen.

Dort begegnet sie dem schneebedeckten Kristoff.
Er freut sich gar nicht über den Schneesturm.

Oaken ist der Besitzer des Geschäfts, in dem Ausrüstung für Reisende verkauft wird.

Kristoff kennt sich in den Bergen sehr gut aus.

Nachdem er Oaken „Gauner" genannt hat,
fliegt Kristoff aus dem Geschäft.

Ein Rentier namens Sven ist Kristoffs bester Freund.

Anna bittet Kristoff um Hilfe bei der Suche nach ihrer Schwester.
Um ihn zu überzeugen, gibt sie Sven Karotten.

Die drei geraten in Schwierigkeiten, als Wölfe sie umzingeln. Sie laufen davon, nur durch Svens Sprung über einen Abgrund können sie entkommen.

Kristoff verliert dabei seinen Schlitten und den größten Teil seiner Ausrüstung. Anna verspricht, alles zu ersetzen.

Anna, Kristoff und Sven finden Elsas Eiswelt –
und einen Schneemann namens Olaf, der sprechen und gehen kann.

Olaf ist ein magischer Schneemann, der warme Umarmungen liebt.

Anna merkt, dass Olaf so aussieht wie der Schneemann, den Elsa als Kind für sie gemacht hat. Sie ist sich sicher, dass ihr neuer Freund von ihrer Schwester erschaffen wurde.

Olaf ist zwar aus Schnee, aber er würde sich gern mal in der Sommersonne entspannen.

Sven und Olaf werden schnell Freunde, auch wenn Sven versucht, Olafs Karottennase zu fressen.

Als Annas Pferd ohne sie nach Arendelle zurückkommt, bricht Prinz Hans auf, um sie zu suchen.

Olaf zeigt Anna, Kristoff und Sven den Weg zum Eispalast.

Der Eispalast sieht großartig aus auf dem Gipfel des Nordbergs.

Anna, Kristoff, Sven und Olaf treffen die Eiskönigin Elsa.

Anna bittet Elsa, nach Arendelle zurückzukommen. Elsa weigert sich.

Die Schwestern geraten schließlich in Streit, weil Elsa nicht mitkommen will.

Versehentlich trifft Elsa Anna mit einem Eisstrahl in die Brust, weil sie ihre Kräfte nicht kontrollieren kann, wenn sie wütend ist.

Elsa erschafft einen riesigen Schneemann namens Marshmallow.

Marshmallow verfolgt Anna und Kristoff.

Auf ihrer Flucht vor Marshmallow hilft Kristoff Anna einen Abhang hinab.

**Plötzlich wird Annas Haar weiß.
Elsas Eisstrahl hat sie mit einem starken Fluch belegt.**

Elsa ist verzweifelt darüber, dass sie Anna mit dem Eisstrahl getroffen hat und ihre Zauberei nicht kontrollieren kann.

Kristoff bringt Anna zu den Trollen, die magische Heilkräfte besitzen. Die Trolle erklären ihnen, dass sie bald völlig eingefroren sein wird. Nur der Akt der wahren Liebe kann ein gefrorenes Herz auftauen.

Kristoff eilt mit Anna zurück nach Arendelle.
Ein Kuss von Hans kann sie retten.

Prinz Hans ist inzwischen am Eispalast angekommen.
Elsa leistet Widerstand, als seine Männer versuchen, sie zu ergreifen.

Am Tor zum Königreich verabschiedet sich Kristoff von Anna.
Ein Bewohner von Arendelle führt sie hinein.

Prinz Hans geht zu Anna, aber er weigert sich, sie zu küssen. Es sagt, er habe sie nie geliebt, und sperrt sie ein, während sie langsam gefriert.

Sven möchte, dass Kristoff nach Arendelle zurückkehrt, weil er weiß, dass Kristoff Anna liebt.

Anna kann aus dem Schloss fliehen, doch sie friert bis ins Innerste – kann der Akt von wahrer Liebe sie noch retten?

Anna ist fast völlig eingefroren, als Kristoff nach Arendelle zurückkommt.
Sein Kuss kann sie retten.

Aber Anna sieht, dass ihre Schwester in Gefahr ist,
als Hans hinter Elsa erscheint. Anna muss ihrer Schwester beistehen,
doch ohne Kristoffs Kuss wird sie sterben.

Anna entscheidet sich für ihre Schwester. Sie springt vor Elsa, als Prinz Hans mit dem Schwert nach ihr schlägt. Anna erstarrt zu Eis und das Schwert zerbricht.

Kristoff hält Hans davon ab, noch einmal zuzuschlagen.

Elsa umarmt ihre Schwester und weint, als sie erkennt,
dass Anna ihr das Leben gerettet hat.

Annas tat dies für ihre Schwester aus wahrer Liebe. Das bedeutet, dass der Fluch gebrochen ist. Anna taut auf.

Olaf fängt an zu schmelzen, als das Königreich auftaut, aber Elsa hilft ihm mit ihren Kräften.

Anna hält ihr Versprechen und schenkt Kristoff einen neuen Schlitten. Er entscheidet sich, in Arendelle zu bleiben – bei Anna.